AF221988

Impressum
Verlag: BABADADA GmbH, Nedderfeld 112 , 22529 Hamburg
Geschäftsführer / Verlagsleitung: Harald Hof
Druck: Books on Demand GmbH, In de Tarpen 42, 22848 Norderstedt

Imprint
Publisher: BABADADA GmbH, Nedderfeld 112 , 22529 Hamburg, Germany
Managing Director / Publishing direction: Harald Hof
Print: Books on Demand GmbH, In de Tarpen 42, 22848 Norderstedt, Germany

dijeliti
除

186/2

tabla
黑板

učionica
教室

školsko dvorište
校园

učitelj, nastavnik
老师

papir
纸

olovka
钢笔

pisaći sto
办公桌

pisati
书写

lenjir
直尺

knjiga
书

učenik
学生

torba

书包

pernica

铅笔盒

drvena olovka

铅笔

šiljalo za olovke

卷笔刀

gumica

橡皮擦

blok za crtanje

画板

crtež

图画

kist

画笔

kutija s bojama

颜料盒

makaze

剪刀

ljepilo

胶水

vježbanka

练习册

domaća zadaća

家庭作业

broj

数字

sabirati

加

oduzimati

减

množiti

乘

računati

计算

slovo

字母

abeceda

字母表

riječ

字

tekst

课文

čitati

读

kreda

粉笔

sat

上课

školski dnevnik

登记

ispit

考试

svjedočanstvo

证书

školska uniforma

校服

izobrazba

教育

leksikon

百科全书

univerzitet

大学

mikroskop

显微镜

karta

地图

korpa za papir

废纸筐

hotel
酒店

hostel
青年旅社

mjenjačnica
外币兑换处

kofer
手提箱

auto
汽车

jezik

语言

da / ne

是/否

okej

好的

zdravo

您好

tumač

翻译员

hvala

谢谢

Koliko košta...?

……多少钱？

Ne razumijem

我不明白

problem

问题

dobro veče!

晚上好！

Dobro jutro!

早上好！

Laku noć!

晚安！

doviđenja

再见

smjer

方向

prtljag

行李

torba

包

ruksak

双肩包

gost

客人

soba

房间

vreća za spavanje

睡袋

šator

帐篷

turističke informacije

旅游信息

plaža

海滩

kreditna kartica

信用卡

doručak

早餐

ručak

午餐

večera

晚餐

putna karta

票

lift

电梯

poštanska markica

邮票

granica

边界

carina

海关

ambasada

大使馆

viza

签证

pasoš

护照

avion
飞机

brod
船

vatrogasno vozilo
消防车

autobus
公交车

kamion
卡车

motorni čamac
汽艇

biciklo
自行车

auto
汽车

trajekt

摆渡船

brod

小船

motocikl

摩托车

policijski automobil

警车

trkaći automobil

赛车

unajmljeni automobil

租车

kar-šering

拼车

pauk

拖车

smećarsko vozilo

垃圾车

motor

发动机

gorivo

汽油

benzinska pumpa

加油站

saobraćajni znak

交通标志

saobraćaj

交通

zastoj

交通堵塞

parking

停车场

željeznička stanica

火车站

šine

轨道

voz

火车

tramvaj

电车

vagon

货车

helikopter

直升机

aerodrom

机场

toranj

塔

putnik

乘客

kontejner

集装箱

karton

纸板箱

tačke

手推车

korpa

篮子

poletjeti / sletjeti

起飞/降落

grad
城市

selo

村庄

centar grada

市中心

kuća

房子

kino
电影院

reklama
广告

ulična svjetiljka
路灯

CINEMA

ulica
街道

taksi
出租车

kiosk
小吃店

pješak
行人

trotoar
人行道

raskršće
十字路口

pješački prelaz
斑马线

kanta za smeće
垃圾箱

semafor
红绿灯

koliba

小屋

stan

公寓

željeznička stanica

火车站

vjećnica

市政厅

muzej

博物馆

škola

学校

grad - 城市

univerzitet

大学

banka

银行

bolnica

医院

hotel

酒店

apoteka

药房

ured

办公室

knjižara

书店

radnja

商店

cvjećara

花店

supermarket

超市

pijaca

市场

robna kuća

百货商店

prodavač ribe

鱼店

trgovački centar

购物中心

luka

海港

park

公园

klupa

长凳

most

桥

stepenice

楼梯

podzemna željeznica

地铁

tunel

隧道

autobuska stanica

公交车站

bar

酒吧

restoran

餐馆

poštanski sandučić

邮筒

saobraćajni znak

路标

sat za naplatu parkinga

停车计时器

zoološki vrt

动物园

bazen

游泳馆

džamija

清真寺

seosko imanje

农场

zagađenje okoline

污染

groblje

墓地

crkva

教堂

igralište

操场

hram

寺庙

krajolik

地形

list
树叶

putokaz
指示牌

putokaz
路

livada
草地

kamen
石头

drvo
树

putnik
徒步旅行
者

rijeka
河

trava
草

cvijet
花

dolina

峡谷

brdo

山

jezero

湖

šuma

森林

pustinja

沙漠

vulkan

火山

dvorac

城堡

duga

彩虹

gljiva

蘑菇

palma

棕榈树

komarac

蚊子

muha

苍蝇

mrav

蚂蚁

pčela

蜜蜂

pauk

蜘蛛

buba

甲虫

žaba

青蛙

vjeverica

松鼠

jež

刺猬

zec

野兔

sova

猫头鹰

ptica

鸟

labud

天鹅

divlja svinja

野猪

jelen

鹿

los

麋鹿

brana

水坝

vjetrenjača

风力发电机

solarni modul

太阳能电池板

klima

气候

konobar
服务员

jelovnik
菜单

stolica
椅子

supa
汤

pica
披萨饼

pribor za jelo
餐具

stolnjak
桌布

predjelo

前菜

glavno jelo

主菜

desert

甜点

piće

饮料

jelo

食物

flaša

瓶子

brza hrana

快餐

jelo sa ulice

街边小吃

čajnik

茶壶

šećernica

糖盒

porcija

一份饭菜

mašina za espreso

意式咖啡机

barska stolica

高脚椅

račun

账单

tacna

托盘

nož

刀

viljuška

餐叉

kašika

勺子

kašičica

茶匙

salveta

餐巾

čaša

玻璃杯

tanjir

碟子

tanjir za supu

汤盘

tanjurić

碟子

sos

酱

solanik

盐瓶

mlin za biber

胡椒磨

sirće

醋

ulje

食用油

začini

调味料

kečap

番茄酱

senf

芥末

majoneza

蛋黄酱

ponuda
特价

klijent
顾客

FOR

mliječni proizvodi
乳制品

voće
水果

kolica za kupovinu
购物车

mesnica- klaonica

肉铺

pekara

面包房

vagati

称重

povrće

蔬菜

meso

肉

zaleđena hrana

冷冻食品

narezak

冷盘

konzerve

罐头食品

prašak za veš

洗衣粉

slatkiši

甜食

kućanski proizvodi

日用品

sredstvo za čišćenje

清洁用品

prodavačica

销售员

kasa

收银机

blagajnik

收银员

lista za kupovinu

购物清单

radno vrijeme

开放时间

novčanik

钱包

kreditna kartica

信用卡

torba

袋子

najlonska vrećica

塑料袋

voda

水

sok

果汁

mlijeko

牛奶

kola

可乐

vino

红酒

pivo

啤酒

alkohol

酒

kakao

可可

čaj

茶

kafa

咖啡

espreso

意式浓缩咖啡

kapućino

卡布奇诺

banana

香蕉

jabuka

苹果

narandža

橙子

lubenica

西瓜

limun

柠檬

mrkva

胡萝卜

bijeli luk

大蒜

bambus

竹子

crveni luk

洋葱

gljiva

蘑菇

orašasti plodovi

坚果

pasta

面条

špagete

意大利面条

riža

米饭

salata

沙拉

pomfrit

薯条

pečeni krompir

炸土豆

pica

披萨饼

hamburger

汉堡包

sendvič

三明治

šnicla

炸猪排

šunka

火腿

kobasica

萨拉米

kobasica

香肠

kokoš

鸡肉

pečenje

烤肉

riba

鱼

zobene pahuljice

燕麦片

muzli

穆兹利

kornfleks

玉米片

brašno

面粉

kroason

羊角面包

zemičke

面包卷

kruh

面包

tost

烤面包

keksi

饼干

maslac

黄油

svježi sir

凝乳

kolač

蛋糕

jaje

蛋

jaje na oko

煎蛋

sir

奶酪

sladoled

冰激凌

šećer

糖

med

蜂蜜

marmelada

果酱

nugat krema

巧克力酱

kuri

咖喱饭

seoska kuća
农舍

bale sjena
稻草捆

sjenik
粮仓

polje
田野

konj
马

prikolica
拖车

ždrijebe
马驹

traktor
拖拉机

magarac
驴

jagnje
羔羊

ovca
羊

koza

山羊

krava

奶牛

tele

牛犊

svinja

猪

prase

小猪

bik

公牛

guska

鹅

patka

鸭

pile

小鸡

kokoška

母鸡

pjetao

公鸡

pacov

鼠

mačka

猫

miš

老鼠

vol

牛

pas

狗

pseća kućica

狗屋

crijevo za baštu

花园浇水软管

kanta za zalijevanje

洒水壶

kosa

长柄大镰刀

plug

犁

srp

镰刀

motika

锄头

vile

长柄草耙

sjekira

斧头

tačke

独轮手推车

korito

饲料槽

bokal za mlijeko

牛奶罐

vreća

麻布袋

ograda

栅栏

štala

马厩

staklenik

温室

tlo

土壤

sjeme

种子

đubrivo

肥料

kombajn

联合收割机

kositi

收割

žetva

收割

jam korijen

山药

pšenica

小麦

soja

大豆

krompir

土豆

kukuruz

玉米

uljana repica

油菜籽

drvo voća

果树

manioka

树薯

žito

谷物

dimnjak
烟囱

krov
屋顶

oluk
落水管

prozor
窗户

garaža
车库

zvono
门铃

vrata
门

kanta za smeće
垃圾桶

poštanski sandučić
信箱

bašta
花园

dnevni boravak

客厅

kupatilo

浴室

kuhinja

厨房

spavaća soba

卧室

dječija soba

儿童房

trpezarija

餐厅

pod, tlo

地板

zid

墙壁

plafon

吊顶

podrum

地窖

sauna

桑拿

balkon

阳台

terasa

露台

bazen

游泳池

kosilica

割草机

posteljina

被单

pokrivač

床罩

krevet

床

metla

扫帚

kanta

水桶

prekidač

开关

tapeta
壁纸

fotografija
照片

lampa
台灯

polica
搁架

ormar
橱柜

televizija
电视机

dimnjak
壁炉

cvijet
花

jastuk
垫子

kauč
沙发

vaza
花瓶

daljinski upravljač
遥控器

tepih

地毯

zavjesa

窗帘

stol

餐桌

stolica

椅子

stolica za ljuljanje

摇椅

fotelja

扶手椅

knjiga

书

deka

毯子

dekoracija

装饰品

ložno drvo

木柴

film

电影

stereo uređaj

高保真音响

ključ

钥匙

novine

报纸

umjetnička slika

油画

poster

海报

radio

收音机

blok za bilješke

笔记本

usisavač

吸尘器

kaktus

仙人掌

svijeća

蜡烛

hladnjak
冰箱

mikrovalna pećnica
微波炉

kuhinjska vaga
厨房秤

sredstvo za čišćenje
洗洁精

toster
烤面包机

zamrzivač
冰柜

rerna
烤箱

kanta za smeće
垃圾桶

mašina za suđe, perilica
洗碗机

peć

炊具

lonac

锅

metalni lonac

铸铁锅

vok / kadai

炒锅

tava, tiganj

平底锅

kuhalo

水壶

aparat za kuhanje na pari

蒸锅

lim za pečenje

烤盘

posuđe

陶瓷锅

šalica

马克杯

činija

碗

kineski štapići

筷子

kutlača

长柄勺

lopatica

铲子

metlica za snijeg bjelanjca

搅拌器

sito za kuhanje

滤网

sito

筛子

ribež

磨碎机

avan s tučkom

研钵

roštilj

烧烤

ložište

明火

daska

菜板

oklagija

擀面杖

vadičep

开瓶器

konzerva

罐子

otvarač za konzerve

开罐器

krpe za lonac

隔热手套

sudoper

水槽

četka

刷子

spužva

海绵

mikser

搅拌机

zamrzivač

冷藏箱

flašica za bebu

奶瓶

slavina

水龙头

grijanje
供暖设备

tuš
淋浴

peškir
毛巾

zavjesa za tuš
浴帘

pjenušava kupka
泡沫浴

kada
浴缸

čaša
玻璃杯

mašina za veš
洗衣机

slavina
水龙头

pločice
瓷砖

dječja kahlica
便壶

sudoper
水槽

toalet

厕所

čučavac

蹲便器

bide

坐浴器

pisoar

小便池

toalet papir

厕纸

četka za wc

马桶刷

četkica za zube

牙刷

pasta za zube

牙膏

zubni konac

牙线

prati

洗

tuš

手持式喷淋头

intimni tuš

冲洗器

lavor

洗脸盆

četka za leđa

擦背刷

sapun

肥皂

gel za tuširanje

沐浴露

šampon

洗发水

krpe za pranje

法兰绒

odvod

排水

krema

乳霜

dezodorans

除臭剂

ogledalo

镜子

ogledalo za šminkanje

手镜

brijač

剃须刀

pjena za brijanje

剃须泡沫

vodica poslije brijanja

须后水

češalj

梳子

četka

刷子

fen

吹风机

sprej za kosu

喷发定型剂

puder

化妆品

karmin

唇膏

lak za nokte

指甲油

vata

化妆棉

makazice za nokte

指甲剪

parfem

香水

kozmetička torbica

洗漱包

hoklica

凳子

vaga

计重秤

kupaći ogrtač

浴袍

rukavice za čišćenje

橡胶手套

tampon

卫生棉条

uložak za dame

卫生巾

hemijski toalet

化学厕所

budilnik
闹钟

plišana igračka
毛绒玩具

auto za igru
玩具车

zvečka
拨浪鼓

kućica za lutke
玩具屋

poklon
礼物

balon

气球

krevet

床

kolica za djecu

（洋娃娃用）婴儿车

karte za igranje

扑克牌

puzle

拼图

strip

漫画

lego kockice

乐高积木

kockice za gradnju

积木玩具

akcione figure

玩具人

benkica

婴儿服

frizbi

飞盘

mobile

床铃玩具

igra na ploči

棋盘游戏

kocka

骰子

miniatura željeznice

火车模型

cucla

安抚奶嘴

zabava

聚会

slikovnica

绘本

lopta

球

lutka

洋娃娃

igrati

玩

pješćanik

沙坑

ljuljačka

秋千

igračke

玩具

konzola za igru

游戏机

triciklo

三轮车

medvjedić

泰迪熊

ormar

衣柜

odjeća
衣服

kratke čarape

袜子

čarape

长袜

hulahopke

紧身裤

šal
围巾

kišobran
雨伞

kaiš
皮带

majica kratkih rukava
T恤

čizme
靴子

papuče
拖鞋

patike
运动鞋

sandale

凉鞋

cipele

鞋

gumene čizme

雨靴

gaće

内裤

grudnjak

胸罩

potkošulja

背心

odjeća - 衣服

45

bodi

身体

hlače

裤子

farmerke

牛仔裤

suknja

短裙

bluza

女式衬衫

košulja

衬衫

džemper

套头衫

majica

卫衣

sako

西装夹克

jakna

夹克

mantil

外套

kišni mantil

雨衣

kostim

套装

haljina

连衣裙

vjenčanica

婚纱

odijelo

西装

spavaćica

睡袍

pidžama

睡衣

sari

莎丽

marama

头巾

turban

包头巾

burka

波卡

kaftan

卡夫坦

abaja

(阿拉伯式)长袍长袍

kupaći kostim

泳衣

kupaće gaće

男式泳裤

kratke hlače

短裤

trenerka

运动服

pregača

围裙

rukavice

手套

dugme

纽扣

naočare

眼镜

narukvica

手链

ogrlica

项链

prsten

戒指

naušnica

耳环

kapa

便帽

vješalica

衣架

šešir

帽子

kravata

领带

patentni zatvarač

拉链

kaciga

头盔

tregeri za hlače

背带

školska uniforma

校服

uniforma

制服

podbradak

围兜

cucla

安抚奶嘴

pelene

尿不湿

server
服务器

ormar za kartoteku
文件柜

štampač
打印机

monitor
显示屏

papir
纸

miš
鼠标

pisaći sto
办公桌

registrator
文件夹

tastatura
键盘

korpa za papir
废纸筐

kompjuter
电脑

stolica
椅子

šolja za kafu

咖啡杯

kalkulator

计算器

internet

因特网

laptop

笔记本电脑

pismo

信件

poruka

消息

mobilni telefon

手机

mreža

网络

aparat za kopiranje

复印机

softver

软件

telefon

电话

utičnica

插座

faks

传真机

formular

表格

dokument

文件

kupovati
买

platiti
付钱

trgovati
交易

novac
现金

dolar
美元

euro
欧元

jen
日元

rublja
卢布

franak
瑞士法郎

renminbi jen
人民币

rupi
卢比

bankomat
提款处

mjenjačnica

外币兑换处

zlato

金

srebro

银

nafta

石油

energija

能源

cijena

价格

ugovor

合同

porez

税金

akcija

股票

raditi

工作

službenik

职员

poslodavac

老板

fabrika

工厂

radnja

商店

policajac
警官

vatrogasac
消防员

kuhar
厨师

ljekar
医生

pilot
飞行员

baštovan

园丁

stolar

木匠

krojačica

裁缝

sudija

法官

hemičar

化学家

glumac

演员

vozač autobusa

公交车司机

vozač taksija

出租车司机

ribar

渔夫

čistačica

清洁女工

krovopokrivač

屋顶工

konobar

服务员

lovac

猎人

moler

画家

pekar

面包师

električar

电工

građevinski radnik

建筑工人

inženjer

工程师

koljač

屠夫

limar, vodoinstalater

水管工

poštar

邮递员

vojnik

士兵

arhitekta

建筑师

blagajnik

收银员

cvjećar

花农

frizer

理发师

kontrolor

售票员

mehaničar

机械师

kapiten

船长

zubar

牙医

naučnik

科学家

rabin

拉比

imam

伊玛目

monah

和尚

sveštenik

牧师

čekić
铁锤

kliješta
钳子

izvijač
螺丝刀

vijčani ključ
扳手

džepna lampa
手电筒

bager

挖掘机

kutija sa alatom

工具箱

ljestve

梯子

testera, pila

锯子

ekser

钉子

bušilica

钻机

popraviti

修

lopata

铲子

sranje!

靠！

lopatica

簸箕

kanta boje

油漆桶

vijak

螺丝

muzički instrumenti

乐器

zvučnik
扬声器

bubnjevi
打击乐器 ◢

gitara
吉他 ◢

◤ kontrabas
低音提琴

truba
小号

klavir

钢琴

violina

小提琴

bas

贝斯

bubanj timpani

定音鼓

bubanj

鼓

sintisajzer

电子琴

saksofon

萨克斯管

flauta

长笛

mikrofon

麦克风

ulaz
入口

tigar
老虎

kavez
笼子

zebra
斑马

hrana za životinje
动物饲料

panda
熊猫

životinje

动物

slon

大象

kengur

袋鼠

nosorog

犀牛

gorila

大猩猩

medvjed

熊

kamila

骆驼

noj

鸵鸟

lav

狮子

majmun

猴子

flamingo

火烈鸟

papagaj

鹦鹉

polarni medvjed

北极熊

pingvin

企鹅

morski pas

鲨鱼

paun

孔雀

zmija

蛇

krokodil

鳄鱼

čuvar u zološkom vrtu

动物园管理员

tuljan

海豹

jaguar

美洲豹

poni

矮种马

leopard

豹

nilski konj

河马

žirafa

长颈鹿

orao

老鹰

divlja svinja

野猪

riba

鱼

kornjača

龟

morž

海象

lisica

狐狸

gazela

羚羊

americki fudbal
橄榄球

vožnja bicikla
骑自行车

tenis
网球

košarka
篮球

plivanje
游泳

boks
拳击

hokej na ledu
冰球

fudbal

英式足球

bedminton

羽毛球

laka atletika

田径

rukomet

手球

skijanje

滑雪

polo

马球

skakati
跳

zagrliti
拥抱

smijati se
笑

ići
走路

pjevati
唱

moliti
祈祷

ljubiti
亲吻

sanjati
做梦

pisati
书写

crtati
画

pokazati
展示

gurati
推

dati
给

uzeti
拿

imati

有

raditi

做

biti

当

stajati

站

trčati

跑

vući

拉

baciti

扔

pasti

摔倒

ležati

躺

čekati

等待

nositi

携带

sjediti

坐

obući

穿衣

spavati

睡觉

probuditi

醒来

pogledati

看

plakati

哭

milovati

抚摸

češljati

梳头

govoriti

交谈

razumjeti

明白

pitati

问

slušati

听

piti

喝

jesti

吃

pospremiti

清理

voljeti

爱

kuhati

做饭

voziti

开车

letjeti

飞

jedriti

航行

računati

计算

čitati

读

učiti

学习

raditi

工作

vjenčavti

结婚

šiti

缝

prati zube

刷牙

ubiti

杀

pušiti

抽烟

slati

寄

baka
祖母

djed
祖父

otac
父亲

majka
母亲

beba
婴童

kćerka
女儿

sin
儿子

gost

客人

ujna, tetka, strina

阿姨

ujak, tetak, stric

叔叔

brat

兄弟

sestra

姐妹

čelo
前额

oko
眼睛

leđa
肩膀

prst
手指

lice
脸

brada
下巴

ruka, šaka
手

grudi
乳房

noga
腿

ruka
手臂

beba

婴童

muškarac

男人

žena

女人

djevojčica

女孩

dječak

男孩

glava

头

leđa

背部

stomak

肚子

pupak

肚脐

nožni prst

脚趾

peta

脚后跟

kosti

骨头

kuk

臀部

koljeno

膝盖

lakat

手肘

nos

鼻子

stražnjica

屁股

koža

皮肤

obraz

脸颊

uho

耳朵

usna

嘴唇

usta

嘴

zub

牙齿

jezik

舌头

mozak

脑

srce

心脏

mišić

肌肉

pluća

肺

jetra

肝脏

želudac

胃

bubreg

肾脏

spolni odnos

性交

kondom

避孕套

jajna ćelija

卵子

sperma

精子

trudnoća

怀孕

menstruacija

月经

vagina

阴道

penis

阴茎

obrva

眉毛

kosa

头发

vrat

脖子

bolnica
医院

bolničko vozilo
救护车

invalidska kolica
轮椅

lom
骨折

ljekar

医生

hitna služba

急诊室

medicinska sestra

护士

hitna pomoć

紧急情况

nesvjest

昏迷

bol

痛

povreda

受伤

krvarenje

出血

srčani udar, infarkt

心脏病发作

moždani udar

中风

alergija

过敏

kašalj

咳嗽

groznica

发烧

gripa

流感

proljev

腹泻

glavobolja

头痛

rak

癌症

dijabetes

糖尿病

hirurg

外科医生

skalpel

手术刀

operacija

手术

CT

CT

rendgen

X光

ultrazvuk

超声波

maska

口罩

bolest

疾病

čekaonica

候诊室

štake

拐杖

flaster

石膏

zavoj

绷带

injekcija

注射

stetoskop

听诊器

nosilo

担架

termometar

体温计

porod

出生

prekomjerna težina, debljina

超重

slušni aparat

助听器

sredstvo za dezinfekciju

消毒液

infekcija

感染

virus

病毒

HIV/ AIDS

艾滋病

medicina

药物

vakcinacija

接种疫苗

tablete

药片

pilula

药丸

hitni poziv

急救电话

aparat za mjerenje pritiska

血压计

bolestan / zdrav

生病/健康

Upomoć!

救命！

alarm

警报

napad, prepad

突击

napad

攻击

opasnost

危险

izlaz u slučaju opasnosti

紧急出口

Požar!

着火啦！

vatrogasni aparat

灭火器

nezgoda

意外

torba prve pomoći

急救箱

SOS

呼救信号

policija

警察

Europa

欧洲

Sjeverna Amerika

北美洲

Južna Amerika

南美洲

Afrika

非洲

Azija

亚洲

Australija

澳洲

Atlantik

大西洋

Pacifik

太平洋

Indijski okean

印度洋

Antarktički okean

南冰洋

Arktički okean

北冰洋

Sjeverni pol

北极

Južni pol

南极

Antarktik

南极洲

Zemlja

地球

zemlja

陆地

more

海

ostrvo

岛

nacija

国家

država

国家

brojčanik sata

钟面

kazaljka sata

时针

kazaljka minute

分针

kazaljka sekunde

秒针

Koliko je sati?

现在几点？

dan

天

vrijeme

时间

sada

现在

digitalni sat

电子表

minuta

分

sat

时

ponedjeljak
周一

srijeda
周三

petak
周五

utorak
周二

četvrtak
周四

subota
周六

nedjelja
周日

juče
昨天

danas
今天

sutra
明天

jutro
早晨

podne
中午

veče
晚上

radni dani
工作日

vikend
周末

kiša
雨

duga
彩虹

snijeg
雪

vjetar
风

proljeće
春

jesen
秋

ljeto
夏

zima
冬

prognoza vremena

天气预报

termometar

温度计

sunčev sjaj

阳光

oblak

云

magla

雾

vlažnost vazduha

潮湿

munja

闪电

grom

打雷

oluja

风暴

tuča, led

冰雹

monsun

季风

poplava

洪水

led

冰

januar

一月

februar

二月

mart

三月

april

四月

maj

五月

juni

六月

juli

七月

avgust

八月

septembar

九月

oktobar

十月

novembar

十一月

decembar

十二月

oblici

形状

krug

圆形

kvadrat

正方形

pravougao

长方形

trougao

三角形

kugla

球体

kocka

立方体

bjel

白

žut

黄

narandžast

橙

pink

粉

crven

红

ljubičast

紫

plav

蓝

zelen

绿

smeđ

棕

siv

灰

crn

黑

malo / mnogo

很多/少许

ljutit / miran

生气/平静

lijep / ružan

美/丑

početak / kraj

首/尾

veliki / mali

大/小

svijetlo / tamno

明/暗

brat / sestra

兄弟/姐妹

čist / prljav

干净/肮脏

potpun / nepotpun

完整/缺失

dan / noć

白天/晚上

mrtav / živ

死/生

široko / usko

宽/窄

ukusno / neukusno

可食用/非食用

zao / prijatan

邪恶/善良

uzbuđen / dosadan

兴奋/无聊

debeo / mršav

胖/瘦

najprije / najkasnije

第一/最后

prijatelj / neprijatelj

朋友/敌人

pun / prazan

满/空

trvd / mekan

硬/软

težak / lagan

重/轻

glad / žeđ

饿/渴

bolestan / zdrav

生病/健康

ilegalan / legalan

非法/合法

inteligentan / glup

聪明/愚笨

lijevo / desno

左/右

blizu / daleko

近/远

nov / polovan

新/旧

ništa / nešto

没有/有些

star / mlad

老/幼

uključeno / isključeno

开/关

otvoreno / zatvoreno

打开/合上

tiho / glasno

安静/吵闹

bogat / siromašan

富/穷

tačno / pogrešno

对/错

hrapav / glatak

粗糙/光滑

tužan / srećan

伤心/高兴

kratak / dug

短/长

spor / brz

慢/快

mokro / suho

湿/干

toplo / hladno

温暖/凉爽

rat / mir

战争/和平

0

nula

零

1

jedan

一

2

dva

二

3

tri

三

4

četiri

四

5

pet

五

6

šest

六

7

sedam

七

8

osam

八

9

devet

九

10

deset

十

11

jedanaest

十一

12
dvanaest
十二

13
trinaest
十三

14
četrnaest
十四

15
petnaest
十五

16
šesnaest
十六

17
sedamnaest
十七

18
osamnaest
十八

19
devetnaest
十九

20
dvadeset
二十

100
sto
百

1.000
hiljada
千

1.000.000
milion
百万

engleski

英语

američki engleski

美式英语

kinesko mandarinski

普通话

hindi

印地语

španski

西班牙语

francuski

法语

arapski

阿拉伯语

ruski

俄语

portugalski

葡萄牙语

bengalski

孟加拉语

njemački

德语

japanski

日语

ja

我

ti

你

on / ona / ono

他/她/它

mi

我们

vi

你们

oni

他们

ko?

谁？

šta?

什么？

kako?

怎样？

gdje?

哪里？

kada?

什么时候？

ime

名字

iza

后面

u

里面

pred

前面

iznad

上方

na

上面

ispod

下面

pored

旁边

između

中间

mjesto

地点